Este libro le pertenece a:

_____

Este libro está dedicado a mis hijos - Mikey, Kobe y Jojo.

Ninja Life Hacks™

Yej!!

Mis amigos dicen que transmito tanta positividad que les asombra.

Por ejemplo...

Cuando accidentalmente entro en charcos de lluvia, simplemente digo...

Si me caigo por las escaleras, solo digo...

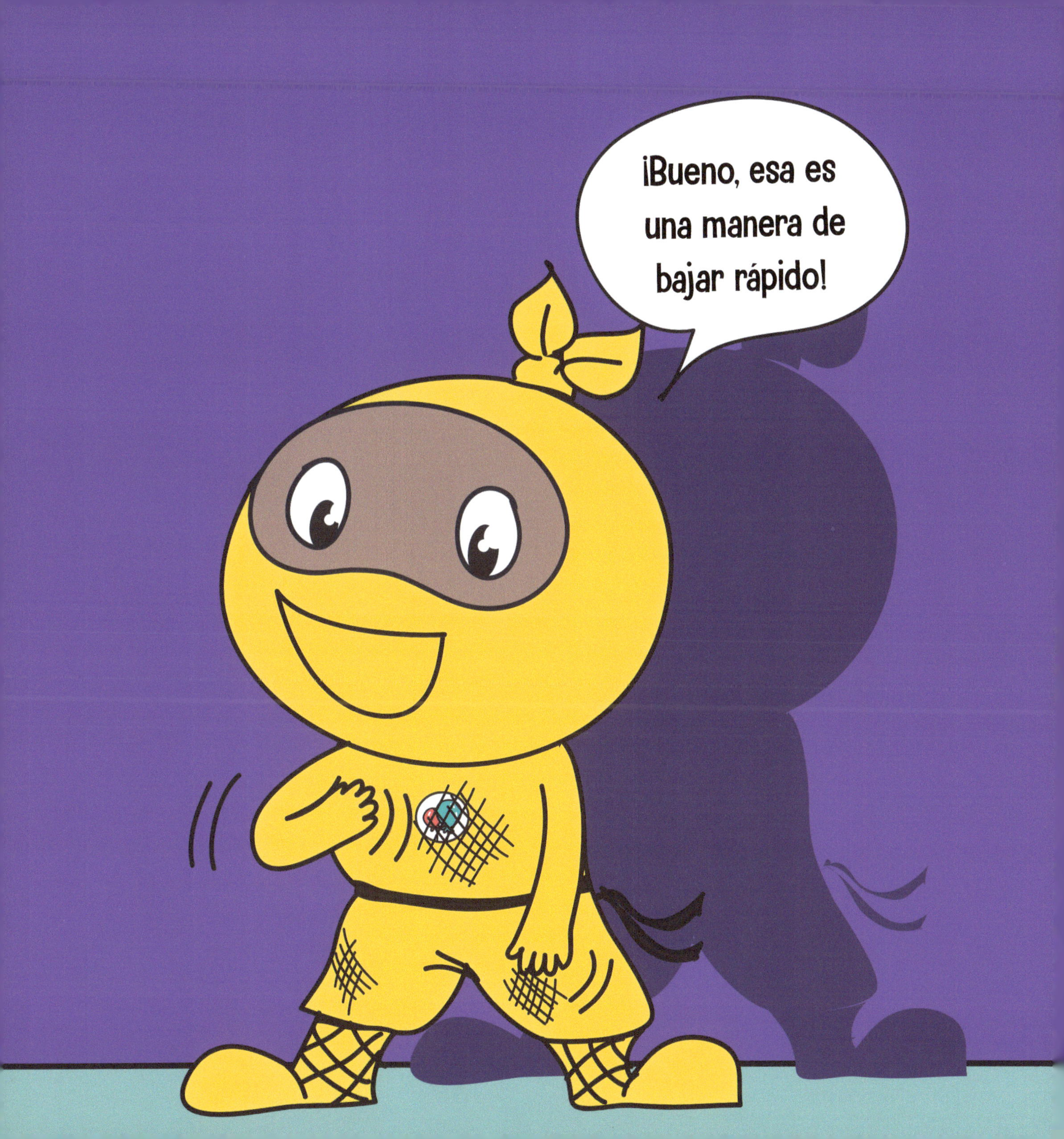
¡Bueno, esa es una manera de bajar rápido!

Si mi lápiz se rompe mientras dibujo, pensaría...

Me gusta ser positivo, pero no siempre ha sido así...

Érase una vez, que realmente podría ser bastante negativo.

Durante la práctica de piano, grité...

Mientras hacía la tarea, decía...

Hasta que un día, mi amigo el Ninja Amable me sugirió que intentara una estrategia divertida de cambiar mi manera de pensar.
--¿Quieres que te muestre? --pregunto el Ninja Amable-- .

Ahora tienes espacio para los pensamientos positivos como...

¡Puedo ser bueno en esto mientras lo siga intentando!
Hmm. No sé si puedo hacer esto.

Así que lo intenté.

Capté mis pensamientos negativos y los volé en un globo.

Entonces, solté el globo.

¿Y sabes lo que pasó?

¡Funcionó! A partir de ese día, me sentí
mucho menos negativo y mucho más feliz.

¡Puedo hacer
cualquier cosa!

El uso de esta estrategia de globos podría ser tu arma secreta contra los pensamientos negativos.

¡Visita ninjalifehacks.tv para obtener imprimibles divertidos gratis!

@marynhin   @GrowGrit
#NinjaLifeHacks

Mary Nhin   Ninja Life Hacks

Ninja Life Hacks

@ninjalifehacks.tv

www.ingramcontent.com/pod-product-compliance
Lightning Source LLC
Chambersburg PA
CBHW042024090426
42811CB00016B/1733